BEI GRIN MACHT SICH IHR WISSEN BEZAHLT

AF144274

- Wir veröffentlichen Ihre Hausarbeit, Bachelor- und Masterarbeit

- Ihr eigenes eBook und Buch - weltweit in allen wichtigen Shops

- Verdienen Sie an jedem Verkauf

Jetzt bei www.GRIN.com hochladen und kostenlos publizieren

Etablierung von Business-Intelligence-Systemen. Identifikation und Evaluierung eines Vorgehensmodelles

Eine Fallstudie

Andreas Aumeier

Bibliografische Information der Deutschen Nationalbibliothek:

Die Deutsche Nationalbibliothek verzeichnet diese Publikation in der Deutschen Nationalbibliografie; detaillierte bibliografische Daten sind im Internet über http://dnb.d-nb.de abrufbar.

ISBN: 9783346368409
Dieses Buch ist auch als E-Book erhältlich.

© GRIN Publishing GmbH
Nymphenburger Straße 86
80636 München

Druck und Bindung: Books on Demand GmbH, Norderstedt Germany
Gedruckt auf säurefreiem Papier aus verantwortungsvollen Quellen

Das vorliegende Werk wurde sorgfältig erarbeitet. Dennoch übernehmen Autoren und Verlag für die Richtigkeit von Angaben, Hinweisen, Links und Ratschlägen sowie eventuelle Druckfehler keine Haftung.

Das Buch bei GRIN: https://www.grin.com/document/995872

IUBH Internationale Hochschule – Fernstudium

FALLSTUDIE

im Modul

„DLMIWBI01 – Business Intelligence"

THEMA 1: „BIOFOOD"

Autor: Andreas Aumeier

INHALTSVERZEICHNIS

ABKÜRZUNGSVERZEICHNIS

BI	Business Intelligence
bzw.	beziehungsweise
etc.	et cetera
IT	Informationstechnologie
RUP	Rational Unified Process
sog.	sogenannte(r)
u. a.	unter anderem
z. B.	zum Beispiel

TABELLENVERZEICHNIS

1. EINLEITUNG

Die folgende Einleitung gibt allgemeine Informationen zu den Akteuren dieser Fallstudie. Außerdem beschreibt sie die Ausgangssituation beim betroffenen Unternehmen und gibt einen kurzen Überblick über die bearbeiteten Aufgaben.

1.1. Beschreibung der Akteure

Wir sind eine Unternehmensberatung mit dem Spezialgebiet der Beratung von Handelsunternehmen im Bereich von Business Intelligence (BI). Unser Kunde, der mittelständische Handelsbetrieb „BioFood", spürt einen anhaltenden und intensiveren Konzentrations- und Konsolidierungsdruck, welcher zu einer Verschärfung der Wettbewerbsintensität führt.

1.2. Ausgangssituation

Das Unternehmen „BioFood" möchte daher ein zukunftsfähiges BI-System einführen. Dieses System soll dazu dienen, Wettbewerbsvorteile durch Informationsvorsprünge zu erlangen.

Die Sortimentsgestaltung soll beispielsweise mit Data Mining optimiert werden. Eine weitere Vision ist es, Kunden mit personalisierter Werbung anzusprechen.

1.3. Fallbeschreibung und Aufgabenstellung

BI-Systeme lassen sich grundsätzlich der Kategorie „Informations- und Anwendungssysteme" zuordnen. In diesem Bereich gibt es bereits eine Vielzahl etablierter Vorgehensmodelle. Doch nicht alle dieser Vorgehensmodelle sind aufgrund der Besonderheit von BI-Systemen für deren Einführung geeignet.

Die Aufgabe ist nun, geeignete Vorgehensmodelle für die Einführung eines BI-Systems zu finden. Dementsprechend ist die folgende Fallstudie in mehrere Teilaufgaben gegliedert:

- Zu Beginn sollen in Kapitel 2 allgemeine Vorgehensmodelle bei IT-Projekten identifiziert und beschrieben werden

- Im Anschluss soll in Kapitel 3 der Begriff „Business Intelligence" definiert sowie die Besonderheiten bei BI-Projekten definiert werden. Außerdem werden bekannte Vorgehensmodelle für BI-Projekte identifiziert

- Im vierten Kapitel der Arbeit sollen die in Kapitel 2 identifizierten Vorgehensmodelle auf ihre Eignung in Bezug auf BI-Projekte untersucht werden

- In Kapitel 5 werden schließlich Auswahlkriterien entwickelt, die eine nachvollziehbare Auswahl von Vorgehensmodellen bei BI-Projekten ermöglichen

2. IT-PROJEKTE UND VORGEHENSMODELLE

In diesem Kapitel erfolgt eine kurze Einführung in die Begrifflichkeiten „IT-Projekt" und „Vorgehensmodell". Im Anschluss werden drei Kategorien von Vorgehensmodellen anhand der bekannten Beispiele Wasserfallmodell, Spiralmodell und Scrum beschrieben.

2.1. Begriffsdefinition: (IT-)Projekt und Vorgehensmodell

Trivial definiert ist ein Projekt eine „zeitlich befristete […] Aufgabe von erheblicher Komplexität, die […] ein gesondertes Projektmanagement erfordert" (Voigt, K. / Schewe, G. 2018). Es zeichnet sich weiterhin u. a. durch Kriterien wie Einmaligkeit, Ressourcenknappheit, Terminierung und hohem Risiko aus.[1]

Aufgrund der Komplexität und des Risikos sollten Projekte gemanagt werden. Dazu dienen sog. *Vorgehensmodelle.* Ein Vorgehensmodell beschreibt Aktivitäten und Phasen, die ein Projekt typischerweise durchlaufen sollte und stellt somit Hilfen und Empfehlungen zur Bearbeitung des Projekts zur Verfügung. Es ermöglicht die Zerteilung in planbare und kontrollierbare Einheiten und kann deshalb dabei helfen, die Komplexität etwas zu reduzieren.[2]

2.2. Sequenzielles Vorgehensmodell: Wasserfallmodell

Beim *Wasserfallmodell* handelt es sich um ein sequenzielles Modell, welches häufig in der Softwareentwicklung zum Einsatz kommt. Dabei werden die Phasen der Softwareentwicklung nacheinander durchlaufen. Jede nachfolgende Phase ist jedoch auf die Ergebnisse der vorherigen Phase angewiesen, weshalb Phasenübergänge nur nach dem vollständigen Abschluss der vorherigen Phase möglich sind.

Ein Rückgang in eine Phase ist durch eine Optimierung des Modelles zwar mittlerweile auch möglich, jedoch muss bei der Verwendung des Wasserfallmodells bereits zu Beginn feststehen, welche Technik am Ende verwendet werden soll. Bei der Ungewissheit in IT-Projekten ist dies nachteilig. Außerdem wird der Kunde häufig erst sehr spät in die Entwicklung eingebunden, weshalb sich Probleme häufig erst zu einem sehr späten Zeitpunkt zeigen.[3]

2.3. Iteratives Vorgehensmodell: Rational Unified Process

Als Weiterentwicklung von sequenziellen Vorgehensmodellen können iterative Modelle gesehen werden. Dort werden die einzelnen Entwicklungsphasen in mehreren Iterationen durchlaufen. Sie entwickeln außerdem die prototypische Entwicklung weiter, bei der bereits vor dem Beginn der Entwicklung ein Prototyp erstellt wird, anhand dessen der Kunde vorab mögliche Probleme erkennen und Wünsche äußern kann.

Beim iterativen Vorgehensmodell wird das Produkt in jeder Iteration optimiert oder Fehler korrigiert. Dabei unterscheidet sich häufig die Intensität der einzelnen Entwicklungsphasen je Iteration.[4]

Ein Beispiel für ein iteratives (und zusätzlich inkrementelles) Vorgehensmodell ist der *Rational Unified Process (RUP)*. Es definiert verschiedene Kernprozesse und Disziplinen, die je fortschreiten-

---

[1] Vgl. o. A. (2019)

[2] Vgl. Breitner, M. (2012)

[3] Vgl. Kleuker, S. (2018, S. 28f.), Lang, R. / Schü, J. (2013, S. 65)

[4] Vgl. Kleuker, S. (2018 S. 31f.)

der Iteration unterschiedlich stark in ihrer Ausprägung bearbeitet werden. Für Außenstehende jedoch erscheint RUP sehr komplex und umfangreich.[5]

2.4. Agiles Vorgehensmodell: Scrum

Im Jahr 2001 haben sich mehrere Personen zusammengeschlossen und im *Agilen Manifest* vier Werte für die Softwareentwicklung niedergeschrieben. In der Kernaussage sollen Softwareprojekte mehr Wert auf die Zusammenarbeit, ein funktionierendes Produkt und die Reaktion auf Veränderung legen als bisher.[6] In der Folge gewann der sog. *agile Ansatz* immer mehr an Bedeutung. Dabei wird auf eine umfangreiche Planung zu Beginn und festgeschriebene Prozesse verzichtet und der Fokus auf die Entwicklung gelegt, die regelmäßig mit dem Kunden begutachtet und verfeinert wird. Das Ziel von agilen Vorgehensweisen ist das Schaffen eines *echten Nutzens*.[7]

Das Beispiel *Scrum* ist ein Rahmenwerk, innerhalb dessen verschiedene Prozesse und Techniken eingesetzt werden können.[8] Es besteht aus Rollen wie dem *Product Owner*, Ereignissen wie dem *Sprint*, in welchem die Ergebnisse erstellt werden und Artefakten wie dem *Product Backlog*, in den alle Anforderungen an das Produkt aufgenommen werden. Durch die Verwendung von Scrum und dessen Empfehlungen sind die Teams anpassungsfähig und flexibel und der Kunde wird in kurzen Abständen mit neuen Funktionen beliefert. Daher entspricht das Rahmenwerk dem agilen Ansatz.

3. BI-PROJEKTE: BESONDERHEITEN UND VORHANDENE MODELLE

Projekte im Umfeld Business Intelligence (BI) zeichnen sich im Vergleich zu anderen IT-Projekten mit gewissen Besonderheiten aus. Diese sollen in diesem Kapitel – nach einer kurzen Einführung in Business Intelligence – beschrieben werden. Außerdem werden bereits etablierte Vorgehensmodelle bei BI-Projekten erläutert.

3.1. Definition und Konzept von Business Intelligence

Die Definition von *Business Intelligence (BI)* erscheint aufgrund der Vielzahl an Erklärungsansätzen schwierig. Generell dient BI der Entscheidungsunterstützung durch das Sammeln, Aufbereiten und Darstellen relevanter Informationen, die aus einer Vielzahl von Daten verschiedenster Quellsysteme gewonnen werden.

Das Konzept von BI ist dabei die Unterstützung von Entscheidungsträgern mithilfe von Informationen. Diese Informationen werden aus Daten verschiedenster Quellsysteme gewonnen. Mithilfe von BI-Systemen werden diese geladen, zusammengefasst, ggf. konsolidiert und in einem entscheidungsorientierten Charakter dargestellt.[9]

---

[5] Vgl. Kleuker, S. (2018, S. 39ff.)

[6] Vgl. Beck, K. et. al. (2001)

[7] Vgl. Michl, T. (S. 4f.)

[8] Vgl. Schwaber, K. / Sutherland, J. (2017, S. 3)

[9] Vgl. Litzel, N. (2016), Hummeltenberg, W. (2019), Consulting.de (2018)

3.2.   Besonderheiten von BI-Projekten

BI-Projekte unterscheiden sich durch einige Spezifika von anderen IT-Projekten. Diese Unterschiede sollen im Folgenden kurz beschrieben werden.[10]

Zunächst scheint der Begriff *Projekt* im BI-Umfeld unpassend zu sein. So sind Vorhaben in diesem Umfeld eher als fortlaufende Entwicklung zu sehen, da ständig neue Anforderungen umgesetzt werden können und sich Fragestellungen, die durch BI adressiert werden, häufig ändern. Des Weiteren sind BI-Systeme stark mit einer Vielzahl an operativen Systemen verknüpft bzw. von diesen abhängig. In diesen Systemen wiederum arbeitet eine Vielzahl von Mitarbeitern aus verschiedensten Fachbereichen. Diese Heterogenität von Systemen und Anwendern führt zu einer gesteigerten Komplexität.

Eine weitere Herausforderung bei BI-Projekten sind Risiko und Restriktionen. Da die Quellsysteme bereits existieren kann keine Planung von Grund auf erfolgen, da bereits Restriktionen durch die heterogene und vorhandene Systemlandschaft vorhanden sind. Wird mit produktiven Daten gearbeitet steigt das Risiko von ungewollten Datenverlusten.

In BI-Projekten müssen häufig Endanwender bereits von Beginn an einbezogen werden. Diese haben jedoch häufig Probleme ihre Anforderungen bereits ex ante klar auszudrücken bzw. es droht die Gefahr von Missverständnissen. Da BI-Projekte häufig bereichsübergreifend durchgeführt werden müssen, muss die Notwendigkeit außerdem an sehr hoher Stelle im Unternehmen (z. B. in der Geschäftsleitung) gefördert werden.

3.3.   Etablierte Vorgehensmodelle in BI-Projekten

BI-Projekte können auf verschiedenste Weisen realisiert werden. Aufgrund der Marktentwicklung hat sich in den letzten Jahren jedoch immer mehr der agile Ansatz etabliert. Entscheider erhoffen sich dadurch eine hohe Anpassungsfähigkeit.[11] Außerdem gut geeignet für BI-Projekte sind Modelle, die Prototypen verwenden. Dies sind neben den agilen Ansätzen auch iterativ-inkrementelle Vorgehensweisen. Mit Prototypen können die Benutzer früh in den Entwicklungsprozess eingebunden werden und somit Fehler und Änderungswünsche schnell erkannt werden.[12]

4. ANALYSE DER EIGNUNG VON VORGEHENSMODELLEN FÜR BI-PROJEKTE

In Hinblick auf die Eignung von Vorgehensmodellen für BI-Projekte gibt es auch für die in Kapitel 2 identifizierten Methoden Unterschiede. Diese sollen im Folgenden analysiert werden. Hierzu wird für jeden in Kapitel 2 identifizierten Modelltyp beleuchtet, inwiefern dieser sich in der Theorie für BI-Projekte eignet. Wichtig ist zu erwähnen, dass je nach Projekt spezifisch entschieden werden

---

[10] Vgl. Becker, J. et. al. (2006); König, S. (2009); Konzelmann, R. (2008); Trahasch, S. et. al. (2016)

[11] Vgl. Trahasch, S. et. al. (2016, S. 187)

[12] Vgl. Schön, D. (2018, S. 264f.)

muss, inwiefern sich einzelne Vorgehensmodelle dafür eignen. Dies kann anhand von Auswahlkriterien erfolgen, die in Kapitel 5 detaillierter beschrieben werden.

4.1. Phasenorientierte Vorgehensmodelle

Phasenorientierte Vorgehensmodelle sind häufig mit dem Vorurteil behaftet, schwerfällig zu sein und nachträgliche Änderungen während der Entwicklung auszuschließen. Außerdem wird der Anwender in phasenorientierten Vorgehensmodellen wie dem Wasserfallmodell erst sehr spät im Projekt erstmalig mit eingebunden. Zu diesem Zeitpunkt sind Änderungen häufig nur mit sehr hohem Aufwand und zu sehr hohen Kosten möglich. Da der Anwender bei BI-Projekten im Fokus steht und die Akzeptanz für das neue System essenziell ist, scheint es, als wären phasenorientierte Modelle, die viel Wert auf eine ausführliche Planung legen, für BI-Projekte nicht geeignet. Dennoch sollte berücksichtigt werden, dass eine ausführliche Planung vor allem bei riskanten und teuren Projekten wichtig sein kann.

4.2. Iterative und iterativ-inkrementell Vorgehensmodelle

Iterative und iterativ-inkrementelle Vorgehensmodelle bieten im Vergleich zu phasenorientierten Modellen den Vorteil, dass sie aus mehreren Entwicklungszyklen bestehen. Dementsprechend können Änderungen in späteren Iterationen berücksichtigt werden und das System kann kontinuierlich ausgebaut und verbessert werden. Nutzen die Vorgehensmodelle zusätzlich Prototypen, sind diese durchaus auch im BI-Umfeld vorstellbar. Dadurch erkennen Anwender die Ergebnisse schneller als bei phasenorientierten Modellen und können Änderungen früher mitteilen. Das bringt den weiteren Vorteil, dass die Anwender bereits früh mit dem System in Kontakt kommen und so frühe Lerneffekte erzielen können. Dies wiederum steigert die Akzeptanz des Systems.[13]

4.3. Agile Vorgehensmodelle

Agile Methoden scheinen vor allem aufgrund der Unterstützung der Anpassungs- und Reaktionsfähigkeit gut für BI-Projekte geeignet. Dennoch sind agile Methoden nicht immer vollständig in das BI-Umfeld zu übertragen und es sind einige Anpassungen erforderlich. Ein Beispiel für die gute Anwendungsmöglichkeit von Agilität ist im Bereich der Entwicklung von Data Warehouse-Lösungen zu beobachten: Dort können Methoden wie Pair Programming, Test Driven Development oder auch ein kontinuierliches Weiterentwickeln von Systemen die Agilität unterstützen.[14]

Bei der Verwendung agiler Vorgehensmodelle darf jedoch ein Mindestmaß an Vorausplanung nicht außer Acht gelassen werden. Außerdem sollte Wert auf ausreichende Dokumentation, Qualitätssicherung und Anwenderschulung gelegt werden, da Projekte ansonsten nicht agil, sondern eher chaotisch verlaufen können.

---

[13] Vgl. Schön, D. (ebenda)

[14] Vgl. Trahasch, S. et. al. (2016, S. 191)

5. ENTWICKLUNG VON AUSWAHLKRITERIEN FÜR BI-VORGEHENSMODELLE

Im folgenden Kapitel wird ein Kriterienkatalog entwickelt, der es ermöglichen soll, eine nachvollziehbare Entscheidung bei der Auswahl von BI-Projekten in Hinblick auf das verwendete Vorgehensmodell zu treffen.

5.1. Identifikation allgemeingültiger Auswahlkriterien in IT-Projekten

Bei der Auswahl von Vorgehensmodellen bei IT-Projekten gibt es einige allgemeingültige Kriterien, die berücksichtigt werden sollten. Im Folgenden werden sechs dieser Kriterien kurz beschrieben.[15]

Projektgröße

Ein entscheidendes Auswahlkriterium für ein Vorgehensmodell ist sicherlich die *Größe bzw. der Umfang* des Projekts. Kleinere Projekte können anders bearbeitet werden als große Projekte. Die Größe kann dabei in verschiedenen Ausprägungen bestimmt werden (z. B. Kosten, Personentage, Anzahl der Beteiligten, etc.). So eignet sich *Scrum* beispielsweise eher für Projekte mit kleineren Teams (zwischen drei und neun Mitgliedern *plus* Product Owner und Scrum Master[16]).

Detaillierungsgrad

Mit dem Auswahlkriterium *Detaillierungsgrad* wird Bezug auf die Planungs-, Spezifikations-, Dokumentations- und Kontrollphase genommen. Je nach Projekt kann eine ausführlichere Planung und Spezifikation notwendig sein. Bei verteilten Teams (z. B. weltweit) scheint es notwendig, dass das Vorgehensmodell Wert auf eine ausführliche und für alle klar verständliche Spezifikation legt, anhand der die Zielerreichung später gemessen werden kann.

Vertragsgestaltung und Vertrauen

Vor allem bei der Zusammenarbeit mit externen Dienstleistern spielt die Gestaltung der Verträge eine Rolle. Die Gestaltung der Verträge nimmt z. B. Einfluss auf den Zeit- und Kostenrahmen sowie die Haftung bei etwaigen Fehlern. Ein weiterer Faktor ist das Vertrauen der beiden Vertragsparteien. Da je nach Vorgehensmodell mehr oder weniger Planung und Dokumentation vorgesehen ist, ist es wichtig, dass die Auswahl des Modelles nach Vertragsgestaltung und gegenseitigem Vertrauen erfolgt.

Kritikalität

Der sukzessive Wechsel von Smartphone-Modellen für einen geringen Personenkreis erfordert andere Aktivitäten als der unternehmensweite Wechsel auf ein neues Betriebssystem aller Clients. Daher muss die Kritikalität des Projekts bzw. der betroffenen Systeme und Anwenderkreise mit in die Entscheidung für ein Vorgehensmodell einbezogen werden.

---

[15] Vgl. Bauer, A. / Günzel, H. (2013, S. 341f.)
[16] Vgl. Schwaber, K. / Sutherland, J. (2017, S. 7)

Rechtliche Anforderungen

Ähnlich wie der Faktor *Kritikalität* nimmt der Faktor *Rechtliche Anforderungen* Einfluss auf die Auswahl eines Vorgehensmodelles. IT-Projekte in der Bundesverwaltung *müssen* mit dem V-Modell XT durchgeführt werden, es sei denn eine triftige Begründung erlaubt ein Abweichen davon.[17] Weitere Anforderungen können durch rechtliche Vorschriften (z. B. KRITIS für kritische Infrastrukturen) vorhanden sein.

Reaktions- und Anpassungsfähigkeit

Je nach Projekttyp kann eine höhere Reaktions- und Anpassungsfähigkeit an z. B. geänderte Markbedingungen oder Kundenbedürfnisse nötig sein. Vor allem bei innovativen Produkten scheint dies ein entscheidender Faktor zu sein. Der nötige Grad der Anpassungsfähigkeit an geänderte Bedingungen sollte bei der Auswahl eines Vorgehensmodells berücksichtigt werden.

Kompetenz und Wissen der Beteiligten

Wird ein Vorgehensmodell gewählt, sollte ebenfalls geprüft werden, ob bei den Projektbeteiligten das notwendige Wissen und die Kompetenz zur Verwendung der Auswahl vorhanden ist. Das beste Vorgehensmodell nutzt nichts, wenn die Anwender es nicht kennen oder es nicht anwenden können. Außerdem sollte geprüft werden, ob das Vorgehensmodell im verwendeten Bereich etabliert ist, notwendige Informationen dazu leicht auffindbar sind und es bereits zu Projekterfolgen geführt hat.

5.2. Berücksichtigen der Besonderheiten von BI-Projekten

Neben den allgemeingültigen Auswahlkriterien für IT-Projekte sollten auch die Spezifika von BI-Projekten berücksichtigt werden. Aus diesen können folgende Kriterien für die Auswahl des Vorgehensmodelles abgeleitet werden:

Partizipationsgrad der Anwender

Das Vorgehensmodell sollte berücksichtigen, dass die letztlichen Anwender bereits möglichst früh in das Projekt einbezogen werden. Die zu späte Integration der Anwender ist einer der häufigsten Gründe für das Scheitern von BI-Projekten.[18] Das Vorgehensmodell sollte dementsprechend auch auf interdisziplinäre Teams mit Mitgliedern aller notwendigen Bereiche aufgebaut sein.

Aufteilung in Phasen und Disziplinen[19]

Die Einführung und Weiterentwicklung von BI-Systemen ist eine abteilungsübergreifende Aufgabe. Allerdings wird nicht jede Abteilung zu jedem Zeitpunkt des Projekts gleich intensiv benötigt. Daher sollte das Projekt durch das Vorgehensmodell in Phasen eingeteilt werden. Da pro Phase jedoch verschiedene Fragestellungen zu beantworten sind (z. B. technische Anforderungen wie Hard- und Software, fachliche Fragen wie benötigte Daten oder auch politische Fragen wie Berechtigungs-

---

[17] Vgl. Der Beauftragte der Bundesregierung für Informationstechnik (o. J.)

[18] Vgl. o. A. (2010, S. 7)

[19] Vgl. König, S. (2009, S. 35)

schemas), sollte eine zweite Kategorisierung nach Disziplin erfolgen. So kann grob geplant werden, wer zu welchem Zeitpunkt in welchem Umfang eingebunden werden muss.

Komplexität reduzieren

Die Komplexität von BI-Projekte ist aufgrund des Umfangs und der heterogenen Systemlandschaft oft hoch bis sehr hoch.[20] Das Vorgehensmodell sollte dabei helfen, die Komplexität zu reduzieren. Dies könnte z. B. durch eine Vereinfachung gewisser Prozessphasen durch die Bereitstellung von ausführlichen Beschreibungen und Best Practices erfolgen.

Offenheit und Möglichkeit zur kontinuierlichen Weiterentwicklung

Bei den meisten IT-Projekten ist das Ziel ein fertiges Produkt (z. B. eine fertige Software). Bei BI-Projekten jedoch wird meist ein System eingeführt, welches dann in den Folgejahren immer weiterentwickelt und permanent angepasst wird (weil z. B. neue Fragestellungen auftauchen, die beantwortet werden müssen oder neue Systeme integriert werden)[21]. Dementsprechend muss das Vorgehensmodell einerseits den Entwicklungsprozess strukturieren, andererseits jedoch auch zukünftige Anpassungen ermöglichen.

Iterativer Ansatz

Da BI-Projekte selten von vornherein allumfassend spezifiziert werden können und sich Anforderungen häufig erst bei der Bearbeitung und Einführung erster Teilergebnisse ergeben, scheint ein iterativer Ansatz des Vorgehensmodelles essenziell zu sein. Im Idealfall sollten die Iterationen an die aktuelle Projektsituation angepasst werden und nicht in einem strengen Rahmen immer gleich ablaufen müssen.

Unabhängigkeit

Das Vorgehensmodell sollte keine starren Vorgaben zu Produkten, Architekturen oder der verwendeten Technik des BI-Systems machen. Dies ist notwendig, um ein optimales Ergebnis zu erzielen, da das BI-System in der Regel an die Spezifika des Unternehmens angepasst werden müssen. Das Vorgehensmodell sollte daher unabhängig sein.[22]

5.3. Zusammenfassen und Gewichten der Kriterien

Im letzten Schritt werden die in 5.1. und 5.2. identifizierten Auswahlkriterien zusammengefasst. Dies dient der Konsolidierung und Übersichtlichkeit. Außerdem werden die Kriterien gemäß ihrem Einfluss auf die Auswahl sowie ihres Einflusses auf den Projekterfolg gewichtet.

---

[20] Vgl. o. A. (2010, S. 7)

[21] Vgl. Krawatzeck, R. et. al. (2013, S. 57)

[22] Vgl. König, S. (ebenda)

Der abschließende Kriterienkatalog zur Auswahl eines Vorgehensmodelles für BI-Projekte stellt sich wie folgt dar:

Kriterium	Einfluss auf Auswahl	Einfluss auf Projekterfolg
Projektgröße		
Detailierungsgrad		
Vertragsgestaltung		
Kritikalität		
Rechtliche Anforderungen		
Anpassungsfähigkeit		
Kompetenz der Beteiligten		
Partizipation der Anwender		
Aufteilung in Phasen/Diszplin		
Komplexität reduzieren		
Offenheit		
Iterativer Ansatz		
Unabhängigkeit		

Tabelle 1: Abschließender Kriterienkatalog

Als wichtigste Einflussgrößen für die Auswahl eines Vorgehensmodelles für BI-Projekte werden die Größe des Projekts, der Grad der Notwendigkeit zur Anpassung an geänderte Bedingungen, der Grad der Berücksichtigung der Partizipation aller Betroffenen sowie der iterative Ansatz gesehen. Für BI-Projekte sollten diese vier Voraussetzungen durch das Vorgehensmodell gegeben sein. Dementsprechend scheinen iterative Vorgehensmodelle (z. B. RUP) aber auch agile Vorgehensmodelle gut für BI-Projekte geeignet zu sein. Dennoch ist jedes Modell projektspezifisch auf die Eignung zu prüfen.

Nach der Auswahl des jeweiligen Vorgehensmodelles scheinen drei Faktoren eine wichtige Rolle für den Erfolg des Projektes zu spielen. Dies sind der passende Detailierungsgrad der Anforderungen, die Anpassungsfähigkeit auf geänderte Bedingungen sowie die frühzeitige Partizipation allerbetroffenen Anwender. Auch unter diesen Voraussetzungen scheinen agile Vorgehensmodelle als Basis am besten für BI-Projekte geeignet zu sein.

LITERATURVERZEICHNIS

Bauer, A. / Günzel, H. (2013): Data Warehouse Systeme. Architektur, Entwicklung, Anwendung, 4. Auflage, dpunkt Verlag, Heidelberg (ISBN: 978-3-89864-785-4)

Beck, K. et. al (2001): Manifest für agile Softwareentwicklung (URL: https://agilemanifesto.org/iso/de/manifesto.html [Letzter Zugriff: 02.01.2020])

Becker, J. et. al. (2006): Ein evolutionäres Vorgehensmodell zur Einführung von Corporate Performance Management Systemen. In: Schelp, J. et. al. (Hrsg.), Integration, Informationslogistik und Architektur. Bonn: Gesellschaft für Informatik e.V.. (S. 247-262)

Breitner, M. (2012): Vorgehensmodell. In: Enzyklopädie der Wirtschaftsinformatik (URL: https://www.enzyklopaedie-der-wirtschaftsinformatik.de/lexikon/is-management/Systementwicklung/Vorgehensmodell [Letzter Zugriff: 03.01.2020])

Consulting.de (2018): Business Intelligence (BI). Einfach erklärt. In: Consulting.de (URL: https://www.consulting.de/wissen-beitraege/business-intelligence-bi-einfach-erklaert/ [Letzter Zugriff: 03.01.2020])

Der Beauftragte der Bundesregierung für Informationstechnik (o. J.): V-Modell XT. Häufig gestellte Fragen. (URL: https://www.cio.bund.de/Web/DE/Architekturen-und-Standards/V-Modell-XT/Haeufig-gestellte-Fragen/haeufig_gestellte_fragen_node.html#doc4623024bodyText1 [Letzter Zugriff: 03.01.2020])

Hummeltenberg, W. (2019): Business Intelligence. In: Enzyklopädie der Wirtschaftsinformatik (URL: https://www.enzyklopaedie-der-wirtschaftsinformatik.de/lexikon/daten-wissen/Business-Intelligence [Letzter Zugriff: 30.12.2019])

Kleuker, S. (2018): Vorgehensmodelle. In: Grundkurs Software-Engineering mit UML, Springer Vieweg, Wiesbaden, S. 25 - 54 (ISBN: 978-3-658-19968-5)

König, S. (2009): Ein Wiki-basiertes Vorgehensmodell für Business Intelligence Projekte. Tagungsband des Forschungskolloquiums Business Intelligence (FKBI09), Dortmund, 2009, S. 33–51.

Konzelmann, R. (2008): Vorgehensmodell zur Erstellung eines Enterprise Data Warehouse. In Töpfer, J., & Winter (Hrsg.), R., Active Enterprise Intelligence: Unternehmensweite Informationslogistik als Basis einer wertorientierten Unternehmenssteuerung, Springer Verlag, Berlin/Heidelberg, S. 273 – 312 (ISBN: 978-3-540-78496-8)

Krawatzeck, R. et. al. (2013): Agile Business Intelligence. Definition, Maßnahmen und Herausforderungen. In: HMD Praxis der Wirtschaftsinformatik, Jg. 50/2013, S. 56 - 63

Lang, R. / Schü, J. (2013): Agile IT-Entwicklung. In: diebank, Jg. 6.2013, S. 65 – 67

Litzel, N. (2016): Was ist Business Intelligence – BI? In: BigData Insider (URL: https://www.bigdata-insider.de/was-ist-business-intelligence-bi-a-563185/ [Letzter Zugriff: 28.12.2019])

Michl, T. (2018): Das agile Manifest. Eine Einführung. In: Bartonitz, M. et. al. (Hrsg.): Agile Verwaltung, Springer Gabler, Berlin (ISBN: 978-3-662-57698-4)

o. A. (2010): Vermeidbare Fehler in BI-Projekten. In: is report, 14. Jg, Heft 11/2010, S. 7

o. A. (2019): Was ist ein Projekt? In: Projektmanagement-Handbuch (URL: https://www.projektmanagementhandbuch.de/handbuch/projektinitiierung/projektdefinition/ [Letzter Zugriff: 01.01.2020])

Schön, D. (2018): Planung und Reporting im BI-gestützten Controlling. Grundlagen, Business Intelligence, Mobile BI und Big-Data-Analytics, 3. Auflage, Springer Gabler Veralg, Wiesbaden (ISBN: 978-3-658-19962-3)

Schwaber, K. / Sutherland, J. (2017): Der Scrum-Guide, Deutsche Version (Übersetzt von *German Scrum Translators)*, o. V. (URL: https://scrumguides.org/docs/scrumguide/v2017/2017-Scrum-Guide-German.pdf [Letzter Zugriff: 02.01.2020])

Trahasch, S. et. al. (2016): Agile Business Intelligence als Beispiel für ein domänenspezifisch angepasstes Vorgehensmodell. In: Engstler, M. et. al. (Hrsg.): Projektmanagement und Vorgehensmodelle 2016, Gesellschaft für Informatik e. V., Bonn, S. 187 - 195

Voigt, K. / Schewe, G. (2018): Projekt. Definition. In: Gabler Wirtschaftslexikon (URL: https://wirtschaftslexikon.gabler.de/definition/projekt-42861/version-266202 [Letzter Zugriff: 01.01.2020])